So führen Sie Ihren Büromitarbeiter wie einen freundlichen Chef

Inhalt

3

EINFÜHRUNG

Wie managt man Menschen?

Der Prozess der Organisation, Verwaltung und Entwicklung der Mitarbeiterseite eines Unternehmens wird als Personalmanagement bezeichnet. Die Unterstützung der Arbeit eines gesamten Teams sowie dessen Wohlbefinden, Engagement und Fortschritt gehören zu den Aufgaben von Führungsaufgaben.

Um sicherzustellen, dass jeder das Gefühl hat, gehört, verstanden und umsorgt zu werden und ihm die Ressourcen zur Verfügung zu stellen, die er für seinen Erfolg benötigt – und gleichzeitig sicherzustellen, dass er im Einklang mit den Unternehmenskennzahlen erfolgreich ist –, bedarf es laut Tile mehr als nur der Erstellung und Zuweisung von Aufgaben.

Das ist eine ziemlich schwierige Anfrage, insbesondere für diejenigen mit mehreren direkten Berichten. Wöchentliche Einzelgespräche, Teambesprechungen und das Durchgehen der wöchentlichen Berichte jedes Teammitglieds summieren sich schnell. Darüber hinaus kann es für Sie als Teamplayer besonders schwierig sein, die Balance zwischen Ihren persönlichen Anforderungen und denen Ihres Teams zu finden. Beispiele für solche Anforderungen sind Konzentrationszeit, Organisation und berufliche Entwicklung.

Hier sind sieben Vorschläge für neue Manager, darunter, wo man Hilfe bekommt, wie man eine positive Einstellung kultiviert und wie man mit Mitgefühl führt.
Manche Menschen werden ins Management gedrängt, während andere dazu geboren werden. Die Auswahl der Art von Manager, der Sie in Ihrer neuen Position sein möchten, ist einer der ersten Schritte, unabhängig davon, welchen Weg Sie zur Einrichtung wöchentlicher Einzelgespräche wählen.

„Als frischgebackener Manager möchte man es vermeiden, ein Menschenliebhaber zu werden. Darüber hinaus versucht man, nicht starr zu sein", erklärte Piranha Tile, Hauptproduzentin bei City Cast DC. „Ich versuche sicherzustellen, dass jeder, dem ich Bericht erstatte, zufrieden ist, ebenso wie alle meine direkten Untergebenen." Weil ich mich auf alle anderen konzentriere, habe ich manchmal das Gefühl, dass meine Bedürfnisse vernachlässigt werden. Der Prozess, sicherzustellen, dass die richtigen Leute an der richtigen Stelle sind und über die richtigen Ressourcen verfügen, um die angestrebten Ziele zu erreichen, wird als Personalmanagement bezeichnet. Dies umfasst die Einstellung, Ausbildung und Förderung des Wachstums Ihrer Teammitglieder.

Während ihrer gesamten Karriere werden die Erfahrungen der Mitarbeiter stark vom Management beeinflusst. Die Leistung und Bindung der Mitarbeiter wird maßgeblich von den Einstellungen und Praktiken des Managements beeinflusst, insbesondere im Umgang mit Veränderungen.

Personalmanagement und Führung haben viele Gemeinsamkeiten, und effektive Manager werden auch zu effektiven Führungskräften. Es gibt jedoch einige wesentliche Änderungen. Manager sind oft mehr mit dem Tagesgeschäft beschäftigt, während Führungskräfte häufig eine eher strategische Rolle spielen.

Es kann schwierig sein, einen kompetenten Personalmanager mit den richtigen Eigenschaften zu finden. Jeder möchte einem kompetenten, sicheren und entschlossenen Führer folgen.

Doch wie gehen Sie mit dieser Person um? Was sind die

Voraussetzungen, um diese Position zu behalten? Was ist, wenn Sie gerade erst anfangen und wenig Managementerfahrung haben?

Viele meiner Studenten sind angehende Führungskräfte oder haben gerade damit begonnen, dass ihnen Leute Bericht erstatten. Meistens kümmern sich diese Personen wirklich um ihre Mitarbeiter und möchten unbedingt lernen, wie sie ihnen am besten dienen können.

Am Anfang zählt vor allem die Aufrichtigkeit der Behandlung. Von dort aus bauen wir Fähigkeiten und Wissen auf, um wirklich leistungsstarke, ermutigende und sympathische Personalmanager zu werden.

Dieses Gleichgewicht zu finden kann schwierig, kontraintuitiv und verwirrend sein. Selbst außergewöhnliche Manager benötigen Hilfe und Struktur, um erfolgreich zu sein. Auch wenn die Perfektionierung von Managementfähigkeiten oft Zeit in Anspruch nimmt, entwickeln sie sich auch nicht auf wundersame Weise von selbst.

Die Entwicklung Ihrer Managementfähigkeiten ist von entscheidender Bedeutung, um das Potenzial am Arbeitsplatz zur Geltung zu bringen und Ihr Team bei der Erreichung seiner Ziele zu unterstützen. Es kann schwierig sein, sicherzustellen, dass alle an einem Projekt Beteiligten gut als Team zusammenarbeiten und ihre Aufgaben effektiv erledigen. Es gibt jedoch eine Reihe bewährter Methoden, mit denen Sie Ihre Managementfähigkeiten bei der Zusammenarbeit mit anderen verbessern können.

In diesem Aufsatz skizzieren wir die Qualitäten eines erfolgreichen Managers und geben ausführliche Richtlinien für die Führung und Führung Ihres Teams zum Erfolg.
Jeder Manager muss die Fähigkeit haben, Menschen zu führen. Unabhängig davon, wie lange Sie bereits in der Position sind oder wie neu sie ist, wird die Entwicklung dieser Fähigkeit das Engagement und die Produktivität Ihrer Mitarbeiter steigern.

Ein kompetenter Manager kann jedoch eine schwierige Aufgabe erträglich machen. Ein schlechtes

Management kann einen guten Job zerstören.

Wenn ich über meine eigene Karriere nachdenke, fallen mir einige wichtige Personalmanager als außergewöhnlich auf und einige, die ich meiden würde, wenn ich ihnen in einem Vorstellungsgespräch begegnen würde.

Diejenigen, die herausstechen, sind nach Meinung meiner Kollegen und mir tatsächlich diejenigen, die sich um unsere Wünsche und den Erfolg unseres Unternehmens kümmerten.

Das sind die Vorgesetzten, die mir nie das Gefühl gegeben haben, unfähig zu sein. Stattdessen drängten sie mich, es zu versuchen und etwas aus der Erfahrung mitzunehmen.

Nach 15 Jahren Managementerfahrung in unterschiedlichen Umgebungen und beruflichen Verantwortungsbereichen teile ich diese positiven Erkenntnisse nun mit aufstrebenden und erfahrenen Führungskräften in Graduiertenkursen an der Pamplona School of Business der University of Portland.

In diesem Artikel besprechen wir die Grundlagen des Personalmanagements, einige verschiedene Personalmanagementansätze und was Sie tun können, um den Weg zum erfolgreichen Personalmanager einzuschlagen.

Gute Führung scheint eine einfache Aufgabe zu sein, da es ihr an streng geheimen Methoden mangelt. Doch obwohl hervorragende Führung oft aus einfachen Handlungen besteht, versäumen es viele Führungskräfte aus irgendeinem Grund, diese in die Praxis umzusetzen.

Der folgende Führungsratschlag ist natürlich nur die Spitze des Eisbergs. Wie alles andere im Leben ist auch in dieser Situation tatsächliche Übung erforderlich, da die Theorie allein nicht ausreicht.

- Ein umfassender Ansatz zur Unterstützung der Arbeit, Entwicklung und des

Wohlbefindens von Arbeitnehmern ist das Personalmanagement.

• In Führungspositionen müssen Sie ein Gleichgewicht zwischen der Bereitstellung Ihrer eigenen Arbeit und der Unterstützung anderer finden.

• Manager sollten das direkte Feedback ihrer Mitarbeiter nutzen, um herauszufinden, wie sie sich als Führungskräfte weiterentwickeln können.

• Kurse, Mentoren und andere Manager können als Inspirationsquellen für Manager dienen.

1. Priorisieren Sie die Verwaltung Ihrer eigenen Arbeitsbelastung.

Sie müssen zuerst auf sich selbst achten, bevor Sie den Erfolg anderer verwalten können.

Schützen Sie Ihre Zeit und priorisieren Sie Ihren Kalender, indem Sie jeden Tag eine bestimmte Zeitspanne einplanen, in der Sie sich ausschließlich auf die Erledigung Ihrer eigenen Arbeit ohne Ablenkungen konzentrieren können. Übermäßiges Engagement für ihr Team ist ein Fehler, den eifrige Manager begehen können, was zu Burnout führt und die Effektivität ihres Managements verringert. Sie werden aufmerksamer und konzentrierter auf Ihr Team sein, wenn es Sie braucht, wenn Sie mit Ihrer eigenen Arbeit vertraut sind.

Direkte Verwaltung von Einzelpersonen

Der Vorgesetzte weist die Mitarbeiter an, welche Aufgaben zu erledigen sind und wie sie zu erledigen sind. Dieser Führungsstil funktioniert am besten, wenn Aktivitäten schnell und effektiv gemäß einem bestimmten Standard oder Bedarf erledigt werden müssen, aber er kann die Mitarbeiter auch stark belasten.

Darüber hinaus funktioniert es am besten für Arbeitnehmer, die sich noch in der Entwicklung befinden, sowie in Gesellschaften oder Situationen, in denen die Menschen explizit darüber informiert werden müssen, was sie wie und wann tun sollen.

Lustige Tatsache: Mikromanagement zeigt einem Mitarbeiter nicht, dass Sie sich um seinen Job kümmern.

Das Mikromanagement eines Mitarbeiters zeigt, dass Sie nicht darauf vertrauen, dass er selbst qualitativ hochwertige Arbeit leistet.

Mit einem Mitarbeiter zusammenzuarbeiten, um ein Problem gemeinsam zu lösen, ist etwas ganz anderes, als ihn im Mikromanagement zu verwalten, während er seine eigenen Probleme angeht.

Freundlich sein.

Verlieren Sie niemals die Tatsache aus den Augen, dass die tatsächlichen Menschen, die Sie betreuen, echte Probleme und echte Erfahrungen haben. Für viele Unternehmensleiter sind Mitarbeiter nur Arbeitsstunden, die kontrolliert und maximiert werden müssen.

Unabhängig davon, ob es sich um Ihre Mitarbeiter, Freunde oder Arbeitskräfte handelt, versteht Ihr Team immer, wer es für Sie ist. Darüber hinaus wird eine Arbeitsstunde niemals Ihre Probleme lösen.

Erwerben Sie Managementfähigkeiten

Nur wenige von uns haben von Natur aus die Fähigkeit, andere zu führen, und ich habe keine wirklich wertvollen „Führungskurse" kennengelernt. Zum Glück verfügen wir über etwas viel Besseres in Form von Büchern. Als Führungskraft müssen Sie für die Interessen Ihrer Organisation eintreten. Und es wird Ihnen viel besser gehen, wenn Sie die Gedanken der anderen Person verstehen und mit der

Verhandlungsphilosophie vertraut sind.

Ein Leiter muss daher Literatur lesen. Führungskräfte sollten sich neben Management auch mit Psychologie, der Funktionsweise des Geistes, Personalbeschaffung, Verhandlungen, Marketing, Projektmanagement und Wirtschaft befassen.

Finden Sie heraus, wer wer ist.

Kennen Sie sich selbst und die Menschen in Ihrem Team. Dies gelingt Ihnen mit Hilfe meiner vier Spielplatzfiguren. „Was für ein Kind war ich auf dem Spielplatz?" könnte man fragen. Die Person welche

• Sichergestellt, dass jeder die Chance hatte zu schlagen? Der Vermittler.

- Eine Zeile erstellt, dann haben alle abgezählt? Der Koordinator.
- Mitten im Spiel wurden die Regeln geändert? Ein Innovator.
- Wollten Sie es auf meine Art angehen? Der Vorschlaghammer.

Entscheiden Sie, wer auf Ihrem Spielplatz ist, sobald Sie Ihre Spielplatzpersönlichkeit bestimmt haben. Ignorieren Sie die Warnungen nicht. Körpersprache, Wortwahl und Absichten sind in der menschlichen Interaktion deutlich erkennbar.

Zusammenarbeit und Kommunikation sind für Friedensstifter wichtig. Wenn andere streiten, können die Augen eines Mitarbeiters anschwellen, was ein Warnsignal ist.

Die Organisatoren gehen methodisch und zielstrebig vor. Ein Mitarbeiter ist ein Organisator, wenn er zu einer Besprechung mit farblich gekennzeichneten Diagrammen oder Papieren erscheint.

Revolutionäre verachten Regelmäßigkeiten und bevorzugen Improvisation. Ein Revolutionär erkennt man, wenn man fragt: „Wo kommt das her?"

Mit einer starken Meinung und der Intelligenz, herausfordernde Probleme anzugehen, Dampfwalzen. Sie vertreten widersprüchliche Standpunkte und halten Konzepte auf 30.000 Fuß aufrecht.

Nehmen Sie sich Zeit, um die besonderen Qualitäten Ihrer Mitarbeiter zu entdecken.

Jeder bringt dem Team seine besonderen Fähigkeiten ein, wie zum Beispiel, wie er am besten auf Kritik reagiert, ob er früh aufsteht und seine Multitasking-Fähigkeiten. Nehmen Sie sich etwas Zeit, um jeden einzelnen kennenzulernen. Dadurch können Sie ihnen ein Gesicht geben und besser verstehen, wie sie funktionieren.

Kelly Moon, Director of Content bei Send Bird, erklärt: „Ich teile ein Kennenlern-Arbeitsblatt, in dem wir den Kommunikationsstil des anderen kennen und erfahren, was uns motiviert und inspiriert." Da jeder Mensch einzigartig sei, „passe ich meinen Führungsstil an jeden Einzelnen an."

Wenn Sie die Anforderungen Ihrer Mitarbeiter verstehen, können Sie deren Handlungen, Neigungen und Schwierigkeiten bei der Arbeit besser verstehen. Selbst wenn Sie mit weit entfernten Teams arbeiten, kann Ihnen diese Feinheit dabei helfen, Leistungsziele effektiver zu vermitteln und Probleme besser zu lösen.

Wenn es um Kommunikation geht, rät Moon, „von Anfang an wirklich kommunikativ zu sein, damit die Leute nicht verwirrt sind, was sie erwartet". Er empfahl außerdem, den Teammitgliedern die Möglichkeit zu geben, sich besser kennenzulernen. Der Aufbau einer starken Teamverbindung trägt dazu bei, dass sich alle dem Ziel verpflichtet fühlen und angesichts von Veränderungen oder Unsicherheiten widerstandsfähig bleiben. Daher ist es wichtig, dem Team die Möglichkeit zu geben, Zeit miteinander zu verbringen und Vertrauen zueinander aufzubauen.

Aufgaben zuweisen

Anstatt jede einzelne Arbeit an einem Projekt zu überwachen, können Sie sich auf übergeordnete Managementaufgaben konzentrieren, indem Sie lernen, wie Sie wichtige Aufgaben an andere delegieren. Nachdem Sie die Stärken, Schwächen, Erfahrungen und Talente jedes Teammitglieds besser verstanden haben, können Sie Aufgaben denjenigen zuweisen, die sie am wahrscheinlichsten effizient und innerhalb der vorgegebenen Zeit erledigen. Bei der Zuweisung von Aufgaben ist es wichtig, klare Erwartungen an jeden Mitarbeiter zu richten und sicherzustellen, dass er Vertrauen in seine Fähigkeit hat, seinen zugewiesenen Teil des Projekts zu erfüllen. Sie können den Leuten zeigen, dass Sie Vertrauen in ihre Fähigkeiten haben, indem Sie ihnen Aufgaben zuweisen, die ihnen das Gefühl geben, am Erfolg des Projekts beteiligt zu sein.

Personalmanagement-Coaching

Der Manager unterstützt die Mitarbeiter dabei, die erforderlichen Ergebnisse zu erzielen, indem er ihnen klare und detaillierte Anweisungen gibt. Dieser Managementansatz funktioniert gut, um Einzelpersonen bestimmte Gewohnheiten und kulturelle Normen beizubringen, sodass der

Chef möglicherweise weniger direktiv und unterstützender ist.

Wenn hochqualifizierte Menschen auf eine neue Unternehmenskultur oder -situation umsteigen, ist der Coaching-Ansatz hilfreich, um sie bei der Übernahme bestimmter Gewohnheiten zu unterstützen.

Erkennen Sie die Situation, in der Sie sich befinden

Nur durch Fachwissen kann Autorität erlangt werden. Alle Führungskräfte, unabhängig von ihrer Position, müssen ein umfassendes Verständnis der von ihnen beaufsichtigten Themen haben.

Wenn Sie beispielsweise ein Entwicklungsteam leiten möchten, müssen Sie sich gut mit den Tools, APIs, Arrays, Funktionen und der Komplexität von Algorithmen auskennen. Idealerweise haben Sie bereits in der Vergangenheit als Entwickler gearbeitet. Es ist verständlich, warum Mark Zuckerberg und Sergey Bring bei der Führung von IT-Unternehmen so erfolgreich waren, da sie mit Kunden in ihrer eigenen Sprache kommunizieren konnten.

Auch wenn Ihr Team viele Programmiersprachen verwendet und Sie nicht alle Feinheiten dieser Sprachen vollständig verstehen, sollten Sie in der Lage sein, deren Code zu verstehen und sich der wichtigsten Frameworks bewusst zu sein.

Sie werden nicht in der Lage sein, die Aktualität, Risiken oder Kosten genau einzuschätzen, wenn Sie nicht genau wissen, was Sie verwalten.

Seien Sie respektvoll . Respekt beginnt beim Chef. Hallo und Danke sind wichtige Grüße. Um respektvoll zu sein:

Generieren Sie gemeinsam mit Friedensstiftern Ideen.

Geben Sie den Organisatoren Arbeit, die Fristen hat und wichtig ist.

Geben Sie Revolutionären dringende Aufgaben.

Fragen Sie nach den Ansichten der Dampfwalzen.

Gib die Realität zu . Stellen Sie Fragen, seien Sie lernbereit und vermeiden Sie es, Dialoge zu früh abzubrechen, da nicht jeder

Informationen auf die gleiche Weise sammelt wie Sie. Wenn Sie glauben, dass Sie über alle Informationen verfügen, bestätigen Sie dies, indem Sie erneut nachfragen.

Fördern Sie Mentoring-Partnerschaften

Sie sollten versuchen, eine Mentorenbeziehung zu Ihren Mitarbeitern aufzubauen, wenn Sie sich als Führungskraft verbessern möchten. Zu einem effektiven Mentor gehören die Festlegung langfristiger Entwicklungsziele, die Bereitstellung professioneller Beratung und Anleitung sowie die Unterstützung Ihrer Mitarbeiter beim Erkennen beruflicher Aufstiegschancen.

Starke Entscheidungsfähigkeiten müssen gezeigt werden.
Wenn es zu Streitigkeiten oder Entscheidungen am Arbeitsplatz kommt, haben die Vorgesetzten oft das letzte Wort. Unvoreingenommene Entscheidungen zu treffen, unabhängig von den beteiligten Teammitgliedern, sollte eines Ihrer Ziele sein, wenn Sie danach streben, ein besserer Manager zu werden.

Teamarbeit fördern

Ein erfolgreicher Manager ist sich bewusst, dass sein Erfolg von der Zusammenarbeit des Teams abhängt. Sie müssen mehr tun, als nur dafür zu sorgen, dass Ihr Team als Einheit funktioniert, um sich als Manager zu verbessern. Sie sollten daran arbeiten, das Ansehen Ihres Teams innerhalb der Organisation zu verbessern. Der Einsatz unvoreingenommener Techniken zur Beurteilung der Leistung von Teammitgliedern und zur Lösung eventuell auftretender Konflikte sollte Teil Ihrer Teamentwicklungsaktivitäten sein.

Nutzen Sie Einzelgespräche für die Entwicklung und strategische Problemlösung.

Obwohl es verlockend sein mag, nutzt man die persönliche Zeit am besten für wichtige Gespräche und nicht als Checkliste für laufende Aufgaben.

„Einzelgespräche geben uns den Raum, über das Gesamtbild zu sprechen, etwa darüber, wie unser

Produktionsprozess funktioniert oder nicht und wie wir ihn möglicherweise überarbeiten möchten", sagte Tile. „Das wöchentliche Einzelgespräch würde in diesem Kram stecken bleiben, wenn wir nicht jeden Tag die kleinen Dinge erledigen würden."

Verbringen Sie Ihre synchrone Zeit sorgfältiger, insbesondere wenn Sie mehr als einen direkten Bericht haben, solange Sie über andere Möglichkeiten verfügen, den Projektstatus zu kommunizieren (z. B. Lattice Weekly Updates und Slack oder Projektmanagementplattformen wie Jeri, Asana oder Trellis).

In diesen Einzelgesprächen, so Tilde, „identifizieren wir die Probleme, die Menschen haben (insbesondere im Zusammenhang mit einem drohenden Burnout) und finden dann Wege, diese entweder zu mildern oder zu verhindern, dass sie überhaupt zu einem Problem werden." „Zu sehen, wie diese Lösungen Wirklichkeit werden, war wirklich befriedigend."

Stellen Sie sicher, dass Sie sich die Zeit nehmen, gemeinsam größere Muster zu besprechen, die sich in Ihrem Arbeitsablauf und den Karrierewünschen Ihrer Teammitglieder abzeichnen. „Wie kann ich sie unterstützen? Was waren die Erfolge, was hat funktioniert oder nicht?" Sagte Lunar. Dann haben sie ein sicheres Umfeld, in dem sie offen und ehrlich sein können und wir Probleme gemeinsam lösen können.

Sie können Ihre wöchentlichen Chats mithilfe des Agenda-Formulars unserer Einzelgespräche organisieren.

Kontrollieren Sie das Gespräch

Ergreifen Sie die Initiative, wenn Sie mit anderen sprechen, indem Sie Fragen stellen, Aktualisierungen einholen und Bedenken äußern, anstatt darauf zu warten, dass andere Teammitglieder dies tun. Erklären Sie, wie Teammitglieder miteinander und mit Ihnen interagieren sollten, wenn Sie Ihre Führungsaufgaben zum ersten Mal übernehmen, unabhängig davon, ob diese formell oder informell sind. Bestimmen Sie die primären Kommunikationswege wie E-Mail- oder Chat-Server, damit jeder weiß, was im Problemfall zu tun ist.

Erkundigen Sie sich sowohl gemeinsam als auch privat bei Ihrem Team, um zu sehen, wie es ihnen geht, und um einen ehrlichen Dialog als Möglichkeit zur Lösung von Problemen zu fördern.

Finden Sie logische Arbeitsabläufe

Erstellen Sie eine Workflow-Prozesskarte, die die Rollen zeigt, die jedes Teammitglied beim Abschluss eines Projekts übernimmt. Sie können von jeder Person mehr erwarten, wenn Sie sich über ihre spezifischen Verantwortlichkeiten und deren Zusammenhang mit dem Projekt als Ganzes im Klaren sind. Sie können damit auch einen realistischen Zeitplan erstellen, dem die Mitarbeiter folgen können. Wenn

Sie Mitarbeiter verwalten, ohne mit dem Projektprozess vertraut zu sein, kann dies zu Verwirrung und Verzögerungen führen und Sie daran hindern, die Ursache auftretender Probleme schnell zu ermitteln.

Tolerantes Personalmanagement

Die Mitarbeiter erhalten vom Management Weisungen und Unterstützung, sind jedoch frei in der Wahl ihrer eigenen Maßnahmen, einschließlich der Steuerung der Ergebnisse.

Wenn es mehrere „richtige Antworten" gibt und die Mitarbeiter kompetent und in der Lage sind, in einem bestimmten Kontext oder Unternehmen eine positive Schlussfolgerung zu ziehen, ist dieser Ansatz oft vorteilhafter für die Belegschaft und kann zu besseren Ergebnissen führen.

Stellen Sie die richtigen Mitarbeiter ein

Der Erfolg einer Organisation hängt von der Auswahl der richtigen Mitarbeiter ab. Wenn Sie bei der Einstellung einer Person die falsche Wahl treffen, kann dies dazu führen, dass viel Zeit und Mühe verloren geht, die Sie hätten sparen können, wenn Sie gleich beim ersten Mal die richtige Wahl getroffen hätten.

Aber wie erkennt man, ob jemand fähig ist? Die beste Methode, den perfekten Kandidaten zu finden, besteht darin, ein Vorstellungsgespräch zu führen, das sowohl technische als auch nichttechnische Fragen zu seinem Hintergrund, seinen Zielen und Überzeugungen sowie Fragen zu Ihrem Unternehmen oder Ihrer Branche umfasst . Dies kann Ihnen dabei helfen, festzustellen, ob sie eine gute Ergänzung für Ihr Team wären.

Es ist zwar kein Geheimnis, die richtigen Kandidaten zu finden, aber ich hatte Erfolg, indem ich die Verhaltensweisen identifizierte, die für die Position notwendig sind, Kandidaten auf diese Verhaltensweisen hin befragte und Teammitglieder, die eng mit dem neuen Mitarbeiter zusammenarbeiten – auch wenn sie nicht direkt zu meinem Team gehören – in den Interviewprozess einbezog.

Denken Sie an diesen Rat: Stellen Sie langsam ein und entlassen Sie schnell. Wenn Sie eine schlechte Einstellungsentscheidung treffen, versuchen Sie schnell, sie loszuwerden, damit Sie den idealen Kandidaten finden, der die Ziele Ihres Teams und Ihres Unternehmens unterstützt.

Lassen Sie den Einzelnen seinen eigenen Fehler beheben.
Es ist nicht nötig, einen Mitarbeiter zu diskreditieren, um Ihr „Genie" zu demonstrieren. Es ist besser, dieser Person persönlich zu schreiben und sie stattdessen auf ihren Fehler hinzuweisen. Sprechen Sie über die Lösung und lassen Sie sie die Korrektur selbst vornehmen.

Wenn man es Einzelpersonen ermöglicht, selbst zu heilen, entfällt die Notwendigkeit, sie öffentlich zu demütigen. Langfristig wird dies ihre Arbeit erheblich verbessern.

Beschütze deine Leute.

Sie müssen sich als stoßabsorbierender Schutzschild verhalten. Niemand sollte in der Lage sein, die Aktionen Ihres Teams ohne Ihre Erlaubnis zu steuern. Erlauben Sie anderen, Sie zu kritisieren, wenn sie möchten , und Sie werden lernen, was in Ihrem Unternehmen zu tun ist.

Macht die Hoffnung, sich mit Ihren Mitarbeitern vertraut zu machen.

Sie müssen zumindest mit den Vornamen Ihrer Mitarbeiter vertraut sein. Dies gilt unabhängig von der Größe Ihres Unternehmens. Darüber hinaus müssen Sie sich ihrer Hobbys und Interessen außerhalb der Arbeit bewusst sein. Es ist wichtig, Ihre Mitarbeiter kennenzulernen, da Sie so besser verstehen, wie sie ihre Aufgaben erfüllen. Wenn Sie sicherstellen, dass Ihr Grad an Aufmerksamkeit akzeptabel ist, können Sie Ihren Mitarbeitern auch das Gefühl geben, geschätzt zu werden.

Schenken Sie Ihren Mitarbeitern besondere Aufmerksamkeit.

Auf die vorhergehende Regel folgt diese. Sie werden in der Lage sein, jeden Mitarbeiter als Individuum zu behandeln, nachdem Sie ihn kennengelernt haben. Welche Strategie Sie anwenden, sollte sich an den unterschiedlichen Fähigkeiten, Vorlieben und Entwicklungsbedürfnissen Ihrer Mitarbeiter orientieren. Um Menschen effektiv zu führen, müssen Sie sich auf jede Person als Einzelperson konzentrieren und Ihre Strategie an ihre Bedürfnisse anpassen.

Machen Sie es zur Norm, fortlaufend Feedback zu erhalten.

Obwohl es sich um ein Geschenk handelt, liegt das Feedback nicht nur in der Verantwortung des Absenders. Es liegt in der Verantwortung des Managements, eine verlässliche und sichere Atmosphäre zu schaffen, in der die Mitarbeiter ihre Anliegen frei äußern können.

Je mehr Raum ich dafür einräumen kann, desto besser, sagte Trevor Sutlej, Leiter des Unternehmensverkaufs bei Jabot: „Es ist sehr schwierig, offenes, direktes Feedback zu geben." Sie fühlen sich umso wohler, je mehr Sie ein solches offenes Feedbacksystem erreichen können.

Jede Woche bittet er bei seinen Einzelgesprächen gezielt um Feedback, eine Praxis, die er seinem Partner zu verdanken hat, der seit sechs Jahren als Personalvermittler im Vertrieb tätig ist. Er sagte: „Es sollen einfach offene Diskussionen sein, hin und her. „Ich frage sie immer mündlich, ob sie es nicht im Lattice Update ausfüllen."

Scheuen Sie sich nicht, ehrliches Feedback zu geben. Dadurch wird Ihr Team dabei unterstützt, Feedback-Fähigkeiten untereinander zu entwickeln und eine positivere Arbeitsatmosphäre zu schaffen, als wenn Probleme im Zaum gehalten werden. Laut Moon ist das Stellen effektiver Fragen der Schlüssel, um praktisches, umsetzbares Feedback von einem neuen Team zu erhalten.

Da sie zu offen ist, kann die Frage „Glauben Sie, dass ich ein guter Manager bin?" nicht beantwortet werden. ist laut Moon keine, die eine nachdenkliche Antwort hervorrufen wird. Bitten Sie stattdessen um Input zu den spezifischeren Elementen Ihres Führungsstils, z. B. wie Sie mit anderen interagieren oder Informationen bereitstellen, wie Sie Diskussionen oder Besprechungen führen und ob Sie anderen die Möglichkeit geben, sich herausgefordert und inspiriert zu fühlen.

Schaffen Sie klare Ziele.

Legen Sie einzeln und im Team Ziele fest, um Ihre Managementbemühungen zu steuern. Das Festlegen von Zielen zu Beginn eines Projekts gibt Ihnen als Führungskraft Orientierung und sorgt dafür, dass alle darauf achten, wie sich ihre Handlungen auf den Erfolg eines Projekts oder einer Initiative auswirken. Damit Sie eine Aufzeichnung haben, auf die Sie bei der Bewertung des Projektfortschritts bei wichtigen Meilensteinen zurückgreifen können, schreiben Sie jedes Ziel auf. Sprechen Sie mit Ihrer Gruppe über die Maßnahmen, die jedes Teammitglied ergreifen muss, um seine Ziele zu erreichen, und geben Sie allen die Möglichkeit, Fragen zu stellen und Empfehlungen zu geben, wie Sie die Ziele Ihres Teams erreichen können.

Beheben Sie eine schlechte Leistung sofort

Wenn es darum geht, mit einer unterdurchschnittlichen Mitarbeiterleistung umzugehen, ist das richtige Timing entscheidend. Sprechen Sie umgehend mit den Mitarbeitern über deren schlechte Leistung.

Bis Sie als Manager davon erfahren, sind höchstwahrscheinlich andere betroffen und im schlimmsten Fall ist das Wohlergehen bestimmter Mitarbeiter gefährdet. Leistungsprobleme können sich verschlimmern, wenn sie nicht sofort behoben werden, und ein leistungsschwacher Mitarbeiter kann giftig werden und Ihr Team und das gesamte Unternehmen infizieren.

Beispiele für schlechte Mitarbeiterleistungen sind

Mitarbeiter, die ständig Fristen verpassen oder mangelhafte Arbeit leisten, sich störend oder feindselig verhalten oder denen es an Engagement oder Motivation mangelt.

Seien Sie aufrichtig und besprechen Sie die Zukunft.
Seien Sie jederzeit ehrlich. Sagen Sie ihnen die Wahrheit, wenn das Projekt keine Gelder mehr erhält und in Kürze aufgegeben wird. Stellen Sie Menschen nicht über Fakten, wenn die Absicht besteht, etwas zu ändern; Informieren Sie stattdessen alle vorher.

Schweigen Sie nicht, wenn im Unternehmen Pläne zum Personalabbau bestehen. Es ist besser, im Nachhinein zuzugeben, dass die Pläne nicht aufgegangen sind, als den Einzelnen im Vorhinein die Schuld zu geben. Informieren Sie sie auch, wenn das Unternehmen beabsichtigt, das Gehalt aller zu erhöhen. Es erhöht die Bindung und fördert gleichzeitig das Vertrauen. Ganz zu schweigen davon, dass Teams mit offener Führung oft über eine überlegene Kultur verfügen.

Die Mitarbeiter müssen darüber informiert werden, was im Unternehmen vor sich geht, und das am besten von Ihnen selbst.

Jeder im Team sollte fair bezahlt werden.

Es ist nicht immer möglich, den Mitarbeitern die höchsten verfügbaren Gehälter zu zahlen. Es wird immer ein Unternehmen geben, das mehr Lohn bietet, und einen Arbeiter, der mehr Geld verdient. Damit die Mitarbeiter jedoch das Gefühl haben, dass sie für Sie und Ihr Unternehmen ausreichend wertvoll sind, müssen sie erkennen, dass ihre Bezahlung für Ihr Unternehmen fair ist.

Ich verwende den folgenden Ansatz, um festzustellen, ob der Lohn fair ist oder nicht: Stellen Sie sich den Tag vor, an dem das Unternehmen alle Löhne der Öffentlichkeit zugänglich macht. Werde ich mich vor einem Teamkollegen schämen? Wenn ja, muss ihr Gehalt angepasst werden, da es nicht hoch genug ist.

So funktioniert ein zu hoher Lohn. Ist es wirklich eine gute Idee, wenn jemand viel mehr Geld verdient, als die Teammitglieder erwarten würden? Was ist, wenn es sich herumspricht?

Behaupte volles Verschulden.
Als Führungskraft sind Sie für alles verantwortlich, was geschieht. Erst wenn Sie die volle Verantwortung für den Fehler übernommen haben, können Sie intern feststellen, was im Team zu tun ist.

Wer wirklich schuld ist, mag für die Außenstehenden egal sein, aber die, die drinnen sind, müssen sich sicher und umsorgt fühlen. Das Team muss den Eindruck haben, dass, selbst wenn die Person, die sich geirrt hat, letztendlich gefeuert wird, dies nicht unter Zwang, sondern nach sorgfältiger

Überlegung und interner Begründung erfolgt ist.

Rücksicht auf Grenzen

Beeinträchtigen Sie nicht die persönliche Zeit oder den persönlichen Raum Ihrer Mitarbeiter. Fördern Sie keine Teambuilding -Aktivitäten aggressiv. Auch ohne Ihr „Lass uns heute gehen" würden die Menschen immer noch den Wunsch haben, außerhalb des Arbeitsplatzes zu interagieren.

Urlaubszeit wird verehrt. Wenn eine Person im Urlaub oft angerufen werden muss, ist etwas schief gelaufen.

Bleiben Sie auch nach dem Ausscheiden des Mitarbeiters in Kontakt

Möglicherweise gründen Sie ein neues Unternehmen, oder vielleicht wird eine Stelle frei. Auch wenn jemand nicht mehr bei Ihnen angestellt ist, sollte die Kommunikation bestehen bleiben – in bestimmten Fällen sollte sie sogar zunehmen. Versuchen Sie, mit ihnen in Kontakt zu bleiben, da Sie einige von ihnen in Zukunft möglicherweise noch einmal benötigen könnten.

regelmäßig bei ihnen vorbei, um zu sehen, wie es ihnen geht, und um zu sehen, ob sie wiederkommen möchten. Es kann jemandem peinlich sein, Sie zu bitten, über eine Rückkehr nachzudenken, da er mit seinem neuen Arbeitsplatz unzufrieden ist.

<u>FRÖHLICHES LESEN</u>